햇볕은
노을 너머 저녁 배를 타고

윤주영 시집

창조문예사

햇볕은 노을 너머 저녁 배를 타고

시인의 말

참으로 오랫동안 기다렸습니다.
얼마나 더 기다려야 할까 망설이다가
부끄러운 책 한 권을 내놓습니다.

첫 시집인 《햇볕은 노을 너머 저녁 배를 타고》를
낼 수 있도록 인도하신 하나님께 감사드리며
아내의 따뜻한 격려, 그리고 삽화와 물질로 함께 책을 꾸며 준
딸들에게 감사를 보냅니다.

시를 알고부터 시와 살아온 세월은 나름대로 행복했습니다.
앞으로 살아갈 날도 한층 더 성숙한 시를 쓸 것을 다짐하며
부족한 책 한 권이 우리의 시대에 공감할 수 있는 시로 다가와
손톱만큼의 감동이라도 주었으면 하는 바람입니다.

더욱 정진하겠습니다.

2010년 어느 봄날 이른 새벽
윤 주 영

차례

1부 목련. 부활

2부 저 달을 주물러 송편을 빚으면

3부 나목(裸木)

4부 버려진 시간

5부 바람난 바자회

6부 꺼억꺼억 울며 가던 달이

1부 목련. 부활

여름이 끝날 무렵

여름도 기운 한나절
강변에 부서지던 뙤약볕이
강물에 여름을 씻네

모래밭 위에
어지럽게 찍힌 발자국들
패망제국의 흔적처럼
여름의 그림자들이 빠져 나간다

아직도 여기저기 숨어 있던
여름의 끄트머리들이
수수밭 이랑을 뒤지던 샛바람에
갈팡질팡 꼬리를 감추네

해와 달이 제자리를 물려주듯
새로이 오는 세상
여름은 어떻게
새로이 오는 계절에게 비워 줄 줄 아는
지혜를 가졌을까

보도블록

새해 첫날 나들이 길
보도블록이
길을 열고 있었다

길은
내 갈 길을 언제나 예비하고 있지만
어디든 다 갈 수 있는 것은 아니라고

세상에서 가장 낮은 곳에 엎드려
등뼈 부러지는 아픔과
속이 썩어 내리는 고통을 견디며
얼굴 위에 쏟은 푸닥거리 찌꺼기 같은 역겨움과
뱉은 침이 모욕이고 비굴이라도
참고 견뎌야 된다는 것을,

새해 첫 나들이 길
보도 위에서
갈보리 사내의 하늘 가교를 생각한다

맨발

등산로 입구에서
버려진 헌신 한 짝을 보았네

어리던 시절
감 한 접 팔아 사다 주신 검정 운동화
학교 운동회 날 잃어버리고
뒷문 밖에 맨발로 울고 서 있던 나의 맨발을
주무르며 달래시던 어머니
신으나 마나 한 찢어진 신발 속에
일그러진 어머니의 맨발을 보았었네

등산로 자갈길에서
맨발로 걸어 보았네

채이고 찢긴 발로는 걸을 수가 없어
길가에 주저앉아 아픈 발 주무르다가
그 옛날 골고다 언덕길을
아직도 찢기고 피 묻은 발로 걷고 있던
사내의 맨발을 보았네

내가 지치고 쓰러질 때마다
자갈길 위에서 일으키시며
두꺼운 신발을 신겨 주시던
어머니 같던 사내
나는 그만 그 사내를
세상 속에 묻고만 살아왔네

분홍 물들이기

친구야
우리가 가슴의 골을 깊이 파면
눈초리에 서릿발이 서지만
웅크린 가슴을 넓게 열면
바다처럼 넉넉해지고
바라보는 눈에 사랑을 가득 채우면
꽃은 더욱 아름다워 보이듯
세상은 너그럽고 훈훈해지는 것
모두가
우리의 맘먹기 나름이야

친구야
예쁜 소녀가
봉숭아 꽃잎에 손톱을 싸매듯
너는 나를 싸매고
나는 너를 품어
우리의 가슴에 분홍 물을 들여 보자

가을이 끝나기 전에

나무들은
자신을 비우고 있었네
가을볕 몇 오라기를 깔고 누운
빈 들처럼

나무들은
비우지 않고는 채울 수 없는 섭리를
빈 들에게서 배웠을까
여왕의 의상을 바람도 없는 빈 밤
서둘러 벗고 있는 것은

나뭇잎 지는 소리
얼굴에 세월 골이 더욱 깊이 파고드는데
아직도 버리지 못한
세상 보따리

가을이 끝나기 전
나무들처럼
저렇게
밤새워 비울 수는 없을까

조약돌

천년을 비바람에 깎인들
사랑을 알까요

가슴 무딘 돌멩이는
사랑이라는 날개를 달 수가 없습니다
사랑은 아픔 없이는
얻을 수가 없는 것이니까요

돌멩이는 어느 날
낮고 낮은 계곡 밑 급류 속으로 뛰어들어
무딘 가슴을 쪼갭니다
소금 뿌린 생채기처럼 아파와
서로 부둥켜안고
아픔 핥아 주며 뒹굴어
어느새 작은 조약돌이 됩니다

조약돌은 사랑을 알지요
자기가 곧 사랑이니까요
조약돌은 쉴 새 없이

간지럼 같은 물살에도 제 몸을 깎아
은빛 모래를 사랑의 알로 수북이 낳아
물 흐르는 대로 멀리멀리
모래알을 굴려 보냅니다

모과

사랑은
아침 이슬 속에 핀
장미들의 미소 속에도 있지 않고
탱글탱글 영근
앵두처럼 황홀한 입술 위에만
있는 것도
아니었습니다

된서리 내린 가을
썩은 고목
보잘것없이 맺힌 모과에도
격조 높은 사랑이
있었습니다

목련1

목련은
버들가지처럼 그리움을 먹고
담장 밑에 귀 기울이다가
봄볕 몇 가닥이 찾아와
목련의 창문을 두드리면

목련은
나팔을 일제히 울려
봄 하늘엔 소리 없이
그의 화신으로 가득 채워진다

그러나 목련은 그만
박속 같은 하얀 순결을
들켜버린 부끄러움에
비운의 궁녀처럼 소복을 입고
뜨락에 엎드려 울어버린다

목련2

님이 가시는 소리였을까
이른 새벽
꽃잎 지던 소리

광야 같은 겨울을 딛고 서서
가슴에 머금었던 하늘만큼
세상을 품었던 목련

질기고 질긴 겨울의 껍질을 벗기고
순백의 불로
하늘을 밝힌 목련

떠나야 하는 날
가상架上에 달려 사랑과 순종을 피우시던 님처럼
다 이루고
뜨락에 누운 목련

거기로 가시는 소리였을까
무덤 앞에 세마포 벗어 놓고

"거기서 나를 보리라"
하시던 님처럼

목련3

긴긴 여름
밤마다 가지 끝을 스치며 지나는
타락한 별들의 노래와
안타까워 수척해진 낮달의 슬픔을
가지 끝에
아픔으로 잉태한 목련

성급한 꽃망울은
늦가을 가지 끝에 부풀어
목화다래처럼 터지려 하는데
자신을 수습하고
차가운 겨울을 마시며
깊은 고민으로 갈고 닦아낸 시 한 편처럼
고밀도 알약으로 정제精製 되어

봄볕 따스한 날
갈보리 언덕에 달린 사내의 기도처럼
봄 하늘에 피워 낸
순백의 입술

목련4

겨울 볕에도
목련의 유두는 부풀어 있었다

그는
감추어 두었던 사랑 들킬까
나뭇잎
한 잎 두 잎 떨어질 때 마다
껍질 벗겨지는 양파처럼 아렸다

겨울바람 모진 채찍이
아무리 아파도
골고다 언덕의 채찍 만할까

부푼 유두를
어젯밤 내린 눈꽃 속에 묻고
몸서리치는 아픔을 견디어 보며

겨울 가고
임 떠나시는 날
나는 한없이 당신을 사랑했다면서
순백의 꽃을 피우리라

목련5

부활절이 올 때쯤엔
십자가 종탑 옆
피었던 목련이 지네

예배당 뜨락에 양처럼 눕네

제물祭物로 숨이 끊기는
애절한 양들의 울음소리
가슴 깊은 속으로 들으며
참회의 눈물을 덮히던
구약시대 제사처럼

세상 죄 지고 가는 젊은 사내의 손과 발에
못 박은 표징標徵을
먼지 묻은 하루의 삶에
또다시 각인하는

그래서 목련은
서둘러 서둘러 왔다가 가는가

목련6

뒤뜨락
바람 모지 응달에 섰던 목련의 가지에도
끝까지 버티던 겨울이 가고
봄풀들은 서둘러 꽃피우다

얼어붙었던 꿈이 유두처럼 불거진
목련의 망울은
피우고 싶은 욕망과 기다림의 힘이
팽팽하게 줄다리기를 하다가
한순간 "툭"
줄이 끊기고 균형을 잃다

목련은 하늘을 향해
일제히 순백의 젖을 토하다

목련7

사랑해야지 사랑해야지
미웠던 것들까지도 사랑해야지
새긴 마음이
열릴 듯 열릴 듯 꽃망울처럼 부풀어도
목 밑에서 가라앉은 기도

새기고 새긴 기도가
꽃망울 속에 접히고 접혀
봄 비오는 날
긴긴 겨울 씻어내고
비갠 이른 아침 피어낸 목련처럼

목련의 나무 곁에 서서
봄비에 흠뻑 젖어 보고 싶다

목련8

이른 새벽
예수 오시는 길목

꽃불 밝혀 들고 마중 길 나선
목련

일제히 하늘을 향해 나팔을 울리는
소리 없는 찬양
하늘 말씀에
순백純白의 귀 열어 놓고
은혜를 가득 채울
수만數萬의 은잔銀盞을 피워 낸
목련

저토록 저들도
간절함이 있었던가
부활절 예배당 앞에 핀
목련

2부 저 달을 주물러 송편을 빚으면

통닭집 사내

저녁 무렵이 되면
통닭집 사내는
가마에 통닭 꿰미를 걸고
참나무 장작에 불을 붙인다

통닭집 사내의 하루는
닭장 속에 갇혀
날개를 파드득대다가 스스로 목과 다리를 끊고
끓어오르는 배알을 끄집어낸 몸통만
꿰미에 꿴 채
매일 죽는 것이다

통닭집 사내는
이렇게 죽지 않으면 안 되는 고통을
뜨거운 가마 앞에서
기름으로 내린다

밤은 이렇게 사내를 굽고
고된 하루가 서둘러 새벽을 부르면

사내는 초주검으로 쓰러지고

다음날
자식들의 상 위에서
잘 구워진 통닭으로 뜯겨
부스러진 뼈 도막으로 남는다

통장 정리기 앞에서

통장 정리기가 줄 바꿔 가면서
까만 숫자 부스러기
오스르 쏟아낸다

고향 일출곡日出谷
풋보리 익을 때면
동네 안에 풋보리 대끼는 절구질 소리로
허기를 참던 어리던 시절

어머니 무명 적삼엔
찌든 삶이 배어 나오고
아버지는 날마다
나무 대문 삐걱대는 소리로 어긋난 삭신을 맞추며
늦도록 땅거미 속을 뒤져
망덕望德고개 밑에 묻던
보릿고개

통장 정리기는
이른 아침부터 시도 때도 없이

풋보리 대끼던 절구질 소리로

조인 가슴을 갉아 내린다

새벽 버스

장맛비는 좀처럼 그치지 않았다
빗속에서도 새벽은 희끄무레 일어서고
첫 버스는
고된 하루를 끌기 시작한다

초조한 나래를 떨던 실내등 불빛은
창가에 기댄
사내의 어깨 위에 내린다

버스가 어느 정류장에 이르자
새벽 일터로 가던 차 속의 여인네들은
고달픈 하루 속으로 빨려 나가고
남겨 놓은 한숨만 차 안에 무겁게 깔린다

사내는 가슴속 안개를 닦아내듯
습기 찬 차창을 문질러 보지만
차창에 비쳐진 사내 얼굴은
빗물에 이지러져 씻겨 내린다

버스는

가래 끓는 소리로

고개를 기어오르고 있다

달팽이 껍데기

비탈 동네
단내가 코밑을 스치던 비탈길에
달팽이 빈 껍데기 하나

천정부지 전세금 쫓아 등고선을 올려 긋던 아비
곱사처럼 기어오르며 눈물로 삼켰던 세상이
가래로 끓고
끝내는 실려 간 구급차에서 돌아오지 못한 아비처럼

달팽이는
등에 업은 식솔까지도 힘겨워
비틀거리는 노란 하늘 자락을 붙잡고
쓰러지고 만 비탈길

남겨 놓고 간 빈 껍데기 속에는
저녁별만 홀로 들렀다 간다

날개

사뭇 높은 여학교 담장 밑
장미 한 송이가
끝내, 달고야 만 날개

까만 글자들이 벌레처럼 우글거리는
문제지 이불을 덮고 가위에 눌린
불면의 밤을
벗어버리고 싶던 장미

제도制度 속에 갇힌 감옥의 나날
자명종 소리에 깨어나 오금도 펴지 못한 밤을
차라리 날개를 달고 싶던 장미

제 몸을 제 가시로 찌르며
무섭게 세운 각오가
머리칼 흐트러진 으깨진 육신을 담장 밑에 내려놓고
조간신문 사회면에 몇 줄 기사로
평안의 날개를 편
참혹한 날개

성적 부진을 비관한 어느 여학생의 투신 기사를 보며

바가지들의 반란

바가지들은
회현동 지하상가에서
문신으로 몸단장을 하고 있었지

찬밥 덩이를 얻어오거나
거름을 퍼내던 바가지들이
근로 조건을 개선해 줄 것을 요구하며
훌훌 벗은 나신으로 시위를 시작했지

그러나 모두들 냉소에 붙일 뿐
수입해 온 해외 인력에게 밀려나듯
값싼 플라스틱 바가지에게 일터를 빼앗기고
노숙으로 호된 고생을 했지

어떤 바가지는
상가 집 출상하는 관 앞으로 뛰어들어
상두꾼들에게 밟혀 죽거나
신경질 아내의 바가지로 팔려가
가슴팍을 박박 긁으며 한을 풀기도 한다지만

대개의 바가지들은
날카로운 메스로 성한 곳 없이
기박한 팔자를 긁어내며
문신을 해야 하는 아픔 없이는
세상에 태어나지 말자고 결의를 했다지

저 달을 주물러 송편을 빚으면

무거운 달
잡초 헤치고 떠오른
폐교의 밤

아직도 서러운 밤을 덮고 자야 할
늦여름 물난리로 밀려온 사람들,
곰팡이 번진 교실 바닥엔
아낙네들의 시름이 깔리고

유리창 너머로
떠오른 저 달을 주무르며
작년 추석 송편도 빚어 보고
지난 칠석날 부침개도
부쳐 보던 아이들
침 한 번 꼴깍 삼키고는 잠이 든다

돌아간들 빈터뿐인 마을
차라리 떠나고 싶은 마음인데
조상들의 아픔을 누가 달래랴

흙탕물에 연장을 씻던 남정네들
씻기지 않는 한숨, 가슴에 접어 둔 채
자갈 굴리듯 코 고는 소리로
내일을 부르고

폐교는 조용히 고된 하루를 덮는다

행복한 노예

달리는 전동 열차 속에서 오늘도 나를 사 줄 주인이 있을까 밭은기침처럼 불안이 목 밑까지 밀고 올라와도 눈만 억지로 감고 있었다

열차는 강바람을 가르고 막 흩어지기 시작하는 빌딩 밑 어둠을 제치고 길섶 잡초들의 선잠을 깨우며 달린다 창밖엔 백인들이 노예를 포획하듯 회초리 하나 들고 개구리를 쫓던 유년의 기억도 함께 달린다 차창 안에서는 고된 어제가 피처럼 밴 작업복 가방을 생존의 무기처럼 꼭 껴안고 번번이 손가락 마디가 곱다는 이유로 공치고 돌아오는 아픔은 차라리 곰팡이 냄새 퀘퀘했던 하루 등짐 진 노예가 더 행복했다 하면서도 손가락 하나 까딱하고 싶지도 않은 불안은 감은 눈 속에서 까만 입자로 수없이 떠돌았다

종착역 신호음이 죽은 듯 눈을 감고 있는 열차 안을 뒤집으며 열차가 멎자 모두들 떡밥 앞에 민첩해진 피라미 떼처럼 출구를 빠져 역전 광장 건너편 인력시장으로 혼신을 다해 달리고 있었다

3부 나목(裸木)

대나무 뿌리

지난겨울 강추위를
대나무인들 견딜 수 있었으랴
알몸째 뽑혀 던져진 뿌리들이
마른 봄볕에 아리다

움켜쥐었던 마지막 한 방울 수액
어린 새 촉에게 목 축여 주고
현기증 속으로 빨려들던 억센 뿌리
식솔 거머쥔
아버지의 거친 손마디 같다

흙밖에 모르시던
퍼낸 흙으로는 은행 문 메울 수 없다며
쓰린 손 부비시던 아버지

끝내, 흙을 믿던 믿음 밑으로
스며들던 강추위 이기지 못하고
봄볕 아래
세상사 털어버리신 아버지

나목(裸木)

겨울 언덕 위에 늙은 나목
둥치 밑에 잠재우던 씨알들을
서둘러 입었던 옷 벗어 덮어 주고는

한 잎 가린 것도 없는 나신裸身
깊은 체증滯症 담긴 둥지 하나
무겁게 받쳐 들고 서 있다

졸라맨 허리띠로 허기를 참고
연장처럼 무딘 손으로
가난을 흙 속에 묻던 삶

지나간 삶들이
체증이 되어 둥지에 담기고
끝내 무서운 병이 되어
겨울 언덕에 초상肖像 하나 걸어 놓고
가신 어머니

달도 납덩이처럼 무거운 밤
조용히 나목 앞에 서 본다

찐빵 두 개

시장 입구
찐빵 집 솥뚜껑 열릴 때마다
어린 시절 풍겨 온다

중학 입학 시험장
땅 밑에 남은 이른 봄 찬 기운 밟고 서서
유리창 너머로 까치발 뜨며
빈주먹 힘주어 올려 보이던 형님
찐빵 두 개 점심으로 사 주고는
학교 담장 양지에 숨어
군침으로 허기를 채우던
세 살 위 맏형님

그 일이 항상
내 가슴속 숯 도막으로 남아
어느 날 나는
그 일이 생각나냐고 물었더니
애써 옛일을 들추는 척하다가

입가에 엷은 웃음 띠우면서
머리를 가로젓던 형님

지나치던 찐빵 집에서
내 허기는 찐빵 두 개를 사들고 돌아온다

수술실 앞에서

아내의 수술은
이른 아침부터 시작되었다

수술실 복도에는 형광등 불빛 두어 개
스모그가 스물스물 불안을 깔아 놓고 있었다
수술실 자동문은
삼키듯 아내를 빨아들이고, 나는
후들거리는 다리를 세우지 못한 채
다하지 못한 기도만
닫힌 문 잡고 서서 쏟아내고 있었다

수술실로 옮겨 오기 전
수술 시각의 초침이 군화 소리처럼 다가오자
환자복 매무새를 바로잡고
옅은 색 화장으로 얼굴을 고친
순종의 양처럼 베드 위에 실린 아내

명줄처럼 흔들리는 아내의 파리한 손을 잡은
처참한 사내 몰골 하나가
아내 얼굴 눈물 골에 수없이 뭉개져 내리고 있었다

그에게 다하지 못했던 시간들만 한 소쿠리 풀었다 감아도
수술은 끝나지 않고
대기실 속엔, 초조가
혼자뿐인 내 몸을 짓밟기 시작할 때

나는 마취에서 풀리듯 등뼈를 바로 세우며
아내에 대한 마지막 경의처럼 부동으로 서서
수술실 속에서 찢기고 도려내는 아내의 고통을
나누어 마시고 있었다

걸었던 빗장 다시 풀며

선달그믐, 달도 없는 밤
잃은 것도 많은
한 해의 빗장을 건다

대문 문고리에
어둠이 거미집을 지으면
거미처럼 망을 보던 *군자

요즘은 도둑의 양상도 많이 바뀌어
가슴에 VIP금장을 달아 주며
월급 통장을 강탈해 가고
휴대폰, 컴퓨터로
자투리 시간마저도 훔쳐 간다

그러나 내 집엔
꼭 훔쳐 갔어야 할 것 하나가 그대로 있어
아직도 못다 그린 그림을 이제껏 그리고 있는지
또 한밤을
화선지 한 폭에 불 밝히는 딸애

딴청 부리던 딸애 마음을
훔쳐 갈 도둑은
어느 화폭에서 말을 타고 달려올는지
걸었던 빗장을 슬며시 풀어 놓는다

*군자: 양상군자

들국화

가을볕 비껴 간 자리
돌담 아래 외로운 들국화
와락 눈물이 난다
가련한 내 누이동생이
저렇게 저렇게 피었었지

오라버니 자취 보따리
이어다 주던 가을볕 내리던 큰 길
이따금 지나치는 여학생들 볼 때마다
어깨를 한 줌으로 움츠리며
눈시울 적시던 누이동생

오라버니들 틈에
일찌감치 꿈은 접었어도
그늘 속에서도 쓰러지지 않는
누님 같은 누이동생
애처롭기보다는 차라리
의연한 들국화

이 가을
괜스레 눈시울을 적시는
들국화 한 송이

딸들을 보내며

공항버스 차창 밖
저녁 하늘에 작은 점 하나로
딸들의 여객기가 묻혀지기 시작할 때
아내의 어깨 위엔
파도가 들먹거리며 지나고 있었네

출항 전, 출구 앞에서
목 밑에 깔린 내 기도는 자꾸만 끊어지고
출항 시각은
두 딸을 껴안은 아내를 긴 이별로 갈라놓으며
출구 속으로 딸들을 밀어 넣고 있었고
나는, 딸들이 남기고 간
체온의 끝을 놓치지 않으려고
손끝을 꼭 쥐고 있었네

가로등은
한 땀 한 땀 꿰매어 두었던 추억을 꺼내 보이며
바늘땀처럼 줄지어 달려가고 있는데
끊어진 가로등 하나는

아직도 딸들의 가슴속에 생채기로 남은
아빠의 가시처럼, 멈추어 서서
나의 안경알만
더 진한 얼룩으로 흐리고 있었네

파라오

병실 베드 위엔 그가
파라오 미라처럼 누워 있어
쉽게 해득할 수 없던 파라오 얼굴의 깊은 문양을
한참 만에서야 읽을 수 있었네

또래들은 각자 날개를 펴고 떠난 지 오래지만
그는 날개를
일곡日谷마을 망덕望德 고개 밑에 묻어 두고
등어리 땀띠 그칠 날 없이
자갈밭 지경을 넓히던 개미 같은 파라오

묻었던 날개, 자식들 겨드랑에 달아 주고,
언제나
콩알처럼 가슴 조이며
팽나무 앞에 엎드렸던 나약했던 파라오

그러나 밭이랑에 서면
전장에서 이기고 돌아오는 파라오처럼
당당했던 그,

이길 장사 없다던 병도
코끼리 발등 같은 손으로 비벼 끄떡도 없이
베드를 이기고 만 파라오

지금은 전장에서 돌아와
깊은 휴식 중에 있지만
진정으로 그는 파라오였었네

지금도 고향을 지키고 있는 이우정 형을 생각하며

옷자락을 적시고

우물가
목련의 가지 위에
날개를 편 학처럼
격조 높은 꽃으로 피어 있었네

우물은
맑은 가슴속에 드리운 눈부신 꽃송이들을
송골송골 사랑으로 솟아내고 있어
봄꽃 한 송이 들고 지나던 사내
물 한 모금 마시려다
그 맑은 속 깊은 사랑에
그만
옷자락을 적시고 말았네

그날 이후, 그 우물에는
세월의 이끼가 짙게 드리워졌어도
아직도 그 사내는
옷자락을 적신 채
목련에 빠져 살고 있다네

아내의 회갑에 부쳐

4부 버려진 시간

낡은 지갑

언제 버려졌는지
책상 서랍 한구석에 묻혀 있던
낡은 지갑 하나

아직도
잊어버린 지 오래된 이들과
이미 세상을 떠난 이들이
명함 몇 장으로
지나간 시간의 앙금이 묻어난 지갑

오랫동안 가슴에 안겨
쓰리고 아픈 일을 다 녹이고
떨어져 있을 수 없는 아내 같은 지갑

다 낡은 아버지 삼베 등거리처럼
지갑 솔기가 헤벌어지자
세상 뒷길로 밀쳐진
곰팡이 짙게 핀 지갑

저녁 그늘에 서 있는 사내가
할 일 잃고 먼 산만 보다가
검버섯 번져 가는 제 얼굴을
쪽거울에 비춰 보고 서 있다

물레 이야기

아직도 할머니의 세월이 그리운지
고향 집 헛간의 낡은 물레
거미줄 겹겹이 쳐 놓고 있다

할머니와 물레는
목화다래처럼 풋 익었던 사랑 이야기가
그렇게도 우스웠던지
키득키득
무명실 뽑으면서 밤을 감고

재 너머 다랑이 논에
치마끈 동여맸던 힘들었던 삶
눈가에 이슬로 맺히면
찌득찌득
눈물지으며 밤을 돌리던

밤은 그렇게
매일같이 세 홰째 새벽을 깨고
할머니는 학처럼

훠이훠이
날개를 치며 젓던 물레
그 많은 날 긴긴 밤의
할머니의 세월이 그리웠나

아직도
거미줄 펼쳐 놓고
할머니의 세월을 그물질하고 있다

버려진 시간

대문 밖 담장 밑에
버려진 괘종시계 하나

언제나 거실 상좌에서
삶의 정도正道를 가르치시던 아버지처럼
열두 점판을 꼭꼭 눌러 짚고 가던 시계

깊은 고뇌가 목 밑으로 차오르던
기도로 엎드린 불면의 밤을
나지막한 목소리로 밤 세 시를 울리며
그 밤을 지키고 있던 시계

어쩌면 그냥 지나쳤을지도 모르는
소중한 시간들을
아내처럼 꼼꼼히 챙겨 주며
평생을 졸지도 않고 달려온 삶을
어느 날 디지털 벽시계에게 자리를 물려준
시간 속에서 버려진 시간이 된 시계

시계같이만 살아 온
아직 반나절이나 남겨 놓고 멈추어 선 사내처럼
담장 밑에 비끼는
서럽도록 시린 가을볕을 밟고 서 있다

달챙이 숟가락

달챙이 숟가락은
언제나 할머니를 쫓아다녔지

손주 놈 먹일 감자 껍질 벗길 때도
밥을 잡수실 때에도
언제나 달챙이 숟가락이었지

자갈밭을 옥답으로 일구던
할머니의 손은 달챙이 숟가락이 되고
빚보증으로 옥답 한 마지기 팔리던 날은
그렇게도 많은 눈물을
달챙이 숟가락 위에 쏟으셨지

남은 한 마지기가
손주 놈 머리 위에 학사모를 씌워 주던 날
병중의 할머니는
입가에 맑은 웃음 지으시며
세상을 떠나셨지

평생을 쫓아다니던 달챙이 숟가락이
할머니 세상을 뜨신 후로는
찾아볼 수도 없더니

언제부터인지
대추나무 끝에 쪽배처럼 돌아와
임자 없는 조각달로 걸려 있었지

잠을 이룰 수가 없었네

생각해 보면, 그날도
봄비가 내렸지
면사무소에 가서
입사용 호적 등본을 떼어 오면서
우산 속에서, 나는
겅중겅중 뛰었지

비갠 밤하늘에
막 머리를 내민 목련처럼
가슴이 두근거려
잠을 이룰 수가 없었지

오늘도 봄비가
가을비처럼 내리고 있었네
우산을 받쳐 들고 동사무소에 가서
"경로 우대 교통비 지급"을 신청하고 왔네

밤하늘엔 비가 개이고
목련 가지 위엔

흰머리 숭숭한 달이 걸려 있었네

비에 젖은 목련은
땅 위에 엎드려
무거운 달빛을 짊어지고 있었네

나는
더더욱 잠을 이룰 수가 없었네

양평단상(楊平斷想)

30여 년 만이었지

그땐
군인들로 북적거렸던 소읍
남한강 눈바람이 도리질 치던
삼거리 안내소
교통 헌병의 호각 소리도
밤거리에 얼어붙어 애수처럼 울던 양평

철조망 너머로
라면 냄비 넘겨다 주던 할매집도
자기 배 위로 4개 사단이 거쳐 갔다던
군단장집도
막걸리 사발 두드리며
"영자야 내 동생아"를 목청껏 끌어올리던
양평옥도

가슴을 비비며 외로움 달래다가
벗어나고 싶어 고함이라도 치고 싶었던

한때 나를 가두었던 병영 시절만
흑백의 소묘素猫로 남아 있을 뿐

짚이는 것은
외출증이라도 받아들면
신바람 나게 찾아갔던 옥천냉면 머루주집
옥천집이었던가

아직도 가는 길
옥천 입구 철다리 밑은 그대로 있네

안데스의 밤

충무로 지하철역에
안데스의 밤이 시작되었습니다
전동 열차가 밀고 온 찬바람 속에
퇴근길 사람들이
안데스의 골짜기로 밀려듭니다

남미 이국인들의 낯선 악기의 음률이
무리를 찾는 양 떼의 애절한 울음처럼
지하철역의 밤을 가릅니다

낯익은 가락처럼 파고드는 음률이
모두의
가슴 밑창에 깔린 향수를
견딜 수 없게 합니다

하나 둘
희미하게 어스름에 묻힌
유년의 기억에
휴대전화를 엽니다

나도,

나의 안데스

사립문 밖에 나와 날 기다리시던 고향 마을의

골짜기를 더듬듯

발길을 옮깁니다

설날 아침

식구들과
떡국을 먹던 설날 아침

설음식 상 위로 덕담들이 푸짐하게 오가는데
울타리 헐린 빈집처럼
등허리가 허전한 것은

세월이 움켜간
헐렁한 머리숱 때문도 아니고
뽀얀 국물,
평생 자신의 등골을 진국처럼 우려낸
지금은 계시지 않는
어머니 같아서도 아니고

올챙이 적 꼬리를 끊고
달리던 열차를 쫓고 싶던
개구리의 오금을
이제는 하나 둘 버려야 하는

그것들 때문인가

가을날에

고향엔 아직도
추억의 흔적들이 남아 있을까
차창으로 다가오는 고향이
낯설다

고향 시냇물
아직도 그대론가 엎드려 떠낸 손바닥 위엔
주름 잡힌 얼굴만
한 움큼

가을 하늘마저도 흩어지는 물살 위에
배달된 몇 장의 빨간 편지
젊은 날의
얼굴 빨개지던 소녀의 얼굴

모처럼 찾은 고향 냇가에서
추억 한 장 주워 들고
허리를 편다

허리띠 찾으러

통일벼 타작 마치고
궤타리 풀어 놓고 밥 한 번 실컷 먹어 보자꾸나
아버지 말씀 후 30여 년은 지났나 보다

그동안 풀어 놓았던 허리띠가
턱도 없이 짧아졌다
거리엔
등산복, 다이어트 식품, 살 빼는 약, 헬스클럽이
허리띠처럼 줄지어 서 있다
모두 허리에 맞는 허리띠는 아니었다

굵어진 허리통들은
휴일마다 허리띠를 찾아 허리통처럼 살이 찐
고속도로를 헤매다가, 이젠
국제선 비행기 탑승대 위에 서서
손을 흔들어 보이고 있다

세상 많이 변했다

풋고추

뜨락에 심은 고추 몇 포기
어머니 품속처럼
풋고추 몇 개 품고 있네

고향 집 텃밭
우거진 밭이랑 속 땀띠 돋은 어머니의 등어리
삼베 적삼 속으로 아리고
삶처럼 뒤엉킨 바랭이 매다가 손끝에 스친
불끈 돋은 고추

흠칫 놀란 어머니
엊그제까지 아랫도리 벗겨 오줌 뉘던 것들
"이제 짝지을 때가 되었지"
이마에 흐른 땀 손바닥으로 훑어 내리며
겸연쩍은 웃음 한 가닥
입가에 물고 있었네

물곰지리

거진巨津엘 가보셨나요
한겨울 얼음장처럼 속이 냉랭하거든
거진엘 가보세요
물곰지리가 일품이거든요

물곰지리 한 그릇으로
젖은 화선지 풀어지듯 속이 풀리거든
오징어 덕장을 바라보세요

출근 버스 속 손잡이에 매달려
간과 쓸개를 다 빼버리고
날마다 핏기를 잃어가는
아비들의 통증이 보이거든,

그 아픔 위에
달려가다 되돌아와 부드러운 옷자락으로
쓸어 주고 입맞춰 주는
아내 같은 해풍 한 자락이 보이거든,

늦가을 여린 볕이
구름 사이로 내려와 덕장 위에 자리를 펴고
떠날 줄 모르고 앉아 있거든
당신의 냉랭한 속병은 치유된 것입니다

거진엘 가시면
물곰지리를 꼭 한 번 드세요

5부 바람난 바자회

박 넝쿨 타령

지나가던 달이
지붕 위 박 넝쿨손
살며시 잡아 보고 가더니

가슴 뛰던 박 넝쿨
죽은 서방 생각나서
저녁이면
하얀 모시 적삼 갈아입는 줄 알았더니

둘이는 마당에
밀대 방석 활짝 펴놓고
세상 이야기로만
한밤 밝히고 간 줄 알았더니

새벽 동이 훤히 터도
그 달은
서산마루에 걸터앉아
뒤만 돌아보고

초가지붕 박 넝쿨 속에
달 같은 아기 하나 젖줄 물고 있기에
뉘 집에서 데려온 아긴가 했더니

밥 잘 짓는 공식

아내가 없는 며칠 간
끓는 압력밥솥 꼭지처럼
분이 삭지 않을 때에는 밥을 태우고
가슴속 텅 비고 서글플 때에는 진밥을 끓이다가
밥 잘 짓는 공식 하나 터득했지요

하루가 노을처럼 아프더라도
콧노래라도 불러 가슴속 엉킨 머릿결 다듬은 후
아기 목욕시키듯 부드럽게 쌀을 씻어 안치고
레인지의 밸브를 열지요
밥솥 꼭지가 덜렁거리기 시작할 때
퇴근길 남편의 발자국을 세지요
삼선교 전철역 6번 출구로 나와
신호등을 건너 서점 앞을 지날 때쯤
밸브를 잠그고
슈퍼에서 아이스크림 한 통 사들고 골목길로 접어들
때쯤이면
밥은 뜸이 들지요
지친 남편 처진 어깨가

계단을 올라서서 대문 초인종을 누를 때에는, 이미
밥은 먹기 좋게 되어 있지요

나는 요즈음 새로운 공식 하나 만든 줄 알았는데
아내는 30여 년 전부터 써먹은
가슴속에 숯검정 까맣게 붙은 공식이라는군요

살림망 속 물고기

살림망網 속엔
미끼를 문 놈들 중에서도 선별된 싱싱한 놈들로
시루 속 콩나물처럼
서로 까치발을 뜨며 입을 벌리고
하늘의 은총을 기다리고 있다

그러나 낚시꾼은
망 속에
절대의 조직을 만들고 질서를 세우고
떡밥을 주무르던 노련한 솜씨로
그들에게 순종을 가르치며
때로는 그들 중에 한 놈을 골라
시퍼런 회칼로 도막을 내어 질겅질겅 씹으며
율법의 단호함을 보여 주기도 했다

그들은 살아남아야 했었다
닭장 속의 닭이 쥐 한 마리에게 옆구리 살을
파 먹히고도 반항 한 번 못한 채 엎드리는 순종을
스스로 학습하고

낚시꾼 마음 밑창에 깔려 있는 시커먼 깔창을 보고도
똥그랗게 뜬 눈으로 아가미만 벌렁일 뿐
말 하는 놈은 하나도 없었다

실제로 그들은 지쳐
수초에 걸려 흐물거리는 허물처럼
자신을 위하여 빠져 나갈 구멍을
뚫을 수 있는 놈은 아무도 없었다

낚시꾼은
틈틈이 그의 주업主業을 시작했다
용사를 뽑는다며
그들 중 가장 싱싱한 놈들로 도마 위에 올려 놓고
고추장 색깔의 붉은 망토를 입혔지만
용사의 칭호를 달고 다시 돌아온 놈은
하나도 없었다
다만 그들이 할복했다는 소문밖에는

나머지 놈들은

어디로인지 팔려 가기도 했고 또는
살림망 밑창에서 퉁퉁 부푼 변사체로
물밑을 훑어가는 물결에 서서히 분해가 되어
사라졌다고 한다

봄나물 무치기

입맛 텁텁한 식탁 위엔
달래, 냉이, 씀바귀 같은
상큼한 봄나물이 올랐으면 좋겠다

가슴속에 오가는 실날 같은 감정들이
나뭇잎 흔들리듯 교감을 해도
열려지지 않는
방 속에 갇힌 일상

창틀에 머뭇거리는
요염한 그믐달처럼 홀려도 보고
아기자기한 세상 이야기로 얼러도 보고
쓸개주같이 쓰디쓴 아픔으로 찔러 보기라도 할
상큼한 시 한 편을

밤이 새도록
봄나물 무치듯 만들고 싶다

봄밤

뜨락에서
사랑 이야기로 꽃불을 지피며
까르르까르르 허리를 잡고
밤이 익는 줄도 모른 채
불꽃을 튀기던 꽃들

강아지 꽃 새순이 궁금한 목 길게 늘이고
옆집 담장 넘겨보다가
짝 찾아 나와 넋을 잃고 서 있던 고양이와
눈 맞아 히쭉거리고

바람기 많은 별도
망토 속에 진주 한 움큼 움켜쥐고
쏜살같이 내려오자마자
날이 샌 봄밤

해 뜰 무렵
움켜쥐었던 진주들을 꽃잎 위에
아가 눈물처럼 초롱초롱 박아 놓고 가버린
별들

10원짜리 동전

길섶
검버섯 짙게 핀 10원짜리 동전 하나

"땅을 열 길을 파 봐라……"던 속담은 그의 이야기였지
화폐 개혁으로 몸집을 추스렀지만
10원짜리 하나면 사슴담배가 한 갑이었던 시절
종로에서 노량진까지 걸으며
주머니 속 아껴둔 세 식구 물국수 값
명줄 같던 10원짜리 동전

지하철 걸인의 바구니 속에서 거절당하고
공중전화통 속에서도 쫓겨나
찌든 살림에 어머니 등보다 더 오므라든 체구로
길섶에 앉아 자기 분수를 읽고 있던 동전

검버섯 구릿빛 녹처럼 짙게 드리운
아무도 눈여겨보지 않는 사내의 하루처럼
노숙의 밤을 덮고 눕네

저녁 무렵 오르막길에선

저녁 무렵이 되면
노파는
메워야 할 한 끼의 비참과
하루의 고통을 뉘여야 할 밤을 위하여
폐지廢紙 구루마에 속도를 붙인다

구루마 뒤에 붙인
"밀지 마시오"라는 서툰 글씨로
노파의 마음을 굳게 매달고

지하철 입구
서러운 가을볕 한 조각을 등에 업고 엎드린
어떤 노파의 벌린 손 앞을 지나며

나무껍질 같은 손바닥으로
밤톨만한 지조志操 하나
부서지도록 움켜쥔다

오르막길에는

기력을 다한 벽시계의 초침이
아홉 점에서 더 올라가기를 거부하듯
구루마는 제자리걸음만 치고
노파의 굽은 등줄기에는
안간힘이 송골송골 배어나고 있다

바람난 바자회

바람 불던 봄날
동사무소 앞마당에서는 바자회가 열렸지요
그중에 눈길을 끄는 곳은
아직 따뜻한 체온이 그대로인
헌 옷 코너였지요

바람이 살랑살랑 불자
진열된 헌 옷들은 무도회를 열었지요
춤추던 젊은 원피스 하나는
바람에 들춰진 옷자락을 쓸어내리다가
은근슬쩍 허벅지까지 걷어 올렸지요
그쪽을 보고 있다가 정신이 아찔해진 청바지 하나가
원피스 허리를 두어 번 문질러 보다가, 아예
원피스 자락 속으로 한쪽 다리를 걸치는군요
바람은 더욱 신명을 내고 무도회는 무르익어
그들은 깊은 포옹 속에 잠겼는데
보다 못한 할아버지 잠바 하나가 눈썹을 치켜세우며
호통을 치는 척, 자기도
바람에 몸을 날려 원피스 엉덩이에 붙었네요

옆줄 고무줄 바지 할머니는 주책없는 늙은이라고 핀잔을 주며
굽은 허리로 잠바를 붙들려다가 그만
둘이는 부둥켜안은 채 땅바닥에 뒹굴고 말았지요
원피스와 청바지는 떨어질 줄 모르다가
아기 옷 하나가 으앙 하고 밑으로 떨어져
첫 세상에 고고呱呱를 울렸지요

바람결 소문엔
원피스와 청바지는 동사무소 옆집에 살림을 차리고
잠바와 고무줄 바지는 경로당 앞집에 세 들어갔다는군요

오기(傲氣)

그는 결코
노약자석엔 앉지 않았다

일반석 앞에 서서
누구의 자리 양보도 받지 않았다
양 다리에 힘을 주면서
손에 쥔 하얀색 승차권이
한때 나라와 민족에게 바친 성실한 의무에 대한
국가의 보상이라고 강력히 믿으며
공짜 표임을 부정했다

전동 열차 손잡이를 더욱 굳게 잡고 서서
차창 속에 비친
쭉정이 같은 모습 하나
그것도 결코 자신이 아니라며
침침해진 두 눈을 비벼댔다

전동 열차가 역에 도착할 때마다
많은 사람들이 내려 빈자리가 생겼어도

활시위처럼 양 다리에 힘을 주면서

“앉을까” 하는 망설임을
꾹꾹 누르고 서 있었다

뜨개질로 밤은 깊어 가고

뜨개질로
밤은 깊어지고 있습니다

아내는
가슴속에 묻혔던 이런저런 추억들을 꺼내
뜨개질로 엮어 갑니다

복숭아처럼 수줍기만 하던 날
장갑 한 켤레로 첫사랑을 짜던 추억엔
비단을 짜고 있는 줄 알았지요

수많은 날을 하나님의 길목에서 방황하던
도저히 용서할 수 없는 미움들을 꺼냈을 때에는
뜨개실이 가시덩굴에 엉킵니다

그러나 어머니가
다시는 돌아오지 못할 아버지의 눈을
가냘픈 어깨를 파도처럼 들먹이며
감겨 주시던 기억이 떠오르자

엉켰던 뜨개실이 풀리기 시작합니다

이렇게 아내는 어머니처럼
가슴속의 모든 앙금의 용서를
풀었다 떴다 반복하면서
밤 깊어 가는 줄도 모르고
뜨개질을 합니다

매화 가지

꽃샘추위 가자마자
매화 가지 싱숭생숭

지나가는 달 붙잡아 가지에 끼고
쓰다듬고 비비며
밤새 엉클어지더니

달은
정신머리 마당에 하얗게 쏟은 채
반쪽도 못 남은 몰골로 허둥지둥
산 너머로 내빼네

어느새
매화 가지마다 꽃망울
제비 새끼들처럼
빨간 주둥아리 벌리고

장대들고 쫓아 올라온 아침 해
"에라 이 화냥년!"

햇볕 한 움큼 던져 주고는
뒤도 안 돌아보고 가네

볕[陽]

이른 아침
초로草露에 발을 적시며 오시는 당신
집안 구석구석 커피 향 같은
당신의 체취로 가득 찹니다

우리는
새날의 설렘을 쓰다듬어 주고
지나온 일들을 이야기합니다
꽃을 심고 곡식을 가꾸며
맺힌 땀을 서로 씻어 줍니다

함께 있는 시간은
주전자처럼 끓어오르기 시작합니다
당신의 숨소리 귓전에 뜨겁고
가슴은 달아오릅니다

우리의 할 일은 아직도 더 남았는데
산그늘은 소리 없이 내려와
잡았던 당신의 옷자락을 거두어 갑니다

나는
아쉬운 손끝을 매만지며
노을 너머로 저녁 배를 타고 떠나가는
당신 뒷모습
강물처럼 흐르는 세월의
내일이라는 정거장으로 떠나보냅니다

에콰도르 국기를 보며

상선商船 한 척이
금과 커피의 긴 교역을 마치고
아마존을 거슬러 올라갑니다

태양은
우림을 지나며
잉카의 어느 숨은 도시에서 제사를 먹고
흡족한 얼굴로 열선熱線의 적도를 달립니다
상선이 상류에 다다르자
소나기가 한차례 힘차게 지나가고
안데스 침보라소 산은 만국기처럼 무지개를 길게 걸쳐 놉니다
목동들의 뿔 나팔 소리가 숲속 사이사이로 번져 나가면
소낙비에 흩어진 양들이 어미의 품을 찾아 돌아오듯
안데스의 콘도르는
지쳐 돌아오는 상선에게
어머니처럼 날개를 펴고 품을 내어줍니다

외국 공관저가 즐비한 동네

성북동 길 가로에는 만국기가 펄럭이고
파출소 건널목에는 에콰도르 국기가
언젠가 충무로 전철역 남미의 낯선 악기 음률로
한동안 잠자던 향수를 끄집어내어 휘두르듯
오늘도 가슴속을 휘젓습니다

에콰도르
언젠가는 꼭 한 번 가보고 싶은 곳

단원 세상 유람기

–단원의 월하취생도(月下吹笙圖)를 보며

간송미술관에서 나는
한 사내에게 이끌려 그의 세상으로 인도되었다
신분과 소유의 계급으로 더러워진 하나님의 세상을
붓끝으로 닦아낸 세상이라 했다

산수가 수려한 계곡을 지나
아낙네들은 옷과 심성을 목화솜처럼 희게 빨아 백의의 사람을 만들고
땀 흘려 일하는 타작마당의 남정네들의 부지런하고 건강한 삶이
씨름판과 장터에서 함께 어우러지는
서로 사랑하고 나누며 효도하라는 서당 훈장님의 가르침이 회초리처럼
호된 세상을 보았다

나는 사내에게
우리가 사는 현대라는 세상은 하나님의 나라보다 더 풍요로운,
전자제품들이 밥도 짓고 빨래도 하면서 아낙네들은 쇼

핑으로 욕구를 채우는,

자가용 승용차가 거리를 범람하고 밤의 문화가 찬란한 세상,

아이들은 밤낮없이 공부하여 학, 박사 아닌 사람은 거의 없고

그들은 고급인력이라 하여 컴퓨터로 돈 될 만한 정보를 뒤져

논과 밭을 까뭉개고 아파트촌과 건물을 지어

새로운 소유의 계급을 창출하는 세상에 산다고 자랑스럽게 말하고,

나는 그 시대의 시를 쓰는 시인이라고 말했더니,

사내는 한심스런 눈으로 훑어보다가 어디론가 사라지고 말았다

나는 사내를 찾아다니다가

달빛 스미는 "월하취생月下吹笙"이라는 현판이 붙은 허름한 방에서

파초 잎을 깔고 앉아 생황*을 불며 울고 있는 사내를 발견했다

사내는 300년 후의 현대라는 세상 이야기를 듣고
자신의 세상을 담던 지필묵을 집어 던지면서
가슴을 치며 탁주 트림을 진하게 내뱉었다
허방을 딛듯 집에 도착했을 때에는
아파트 분양 사기꾼, 노부모를 살해한 비정한 자식,
냉정한 현실을 불 지른 방화범들이 줄줄이 엮여
TV 화면 속으로 들어가고, 고농도 유해물질이 섞인 먹을거리들과
명품가게 앞에 서 있는 아낙네들의
진기명기가 방영되고 있었다

*생황: 궁중 악기의 한 가지

6부 꺼억꺼억 울며 가던 달이

꺼억꺼억 울며 가던 달이

수백 번도 더
발버둥 치다 떨어진
나뭇잎 한 잎
그 입술에 이슬 한 방울

언젠가
소쩍새 구슬피 울던 밤
갈 길이 절반도 더 남은 사내의
이상의 깃발이
넝마쪽같이 구겨지던 날
가슴속에 묻힌 잿빛 서린 그리움이, 이슬로
마지막 숨을 몰아쉬던 그의 눈에 맺힐 때
손바닥으로 가려 주던 낙엽

오늘도 그 새벽
나뭇잎 위에 맺힌 이슬 속에 박힌
창백한 달이
꺼억꺼억 울며 빛을 잃고 있네

아침 공원에서

공원 벤치 위에
낯선 사내가
부끄러운 발 오므리고 잠들어 있네

무료 급식소를 전전하던 허기진 발,
올무에 걸려 생채기 난 짐승의 발처럼
쓰러진 절망의 발

웅크린 가슴팍
다 깨어지고 남은 아직 죽지 않은 티끌만한 사랑과
한 알갱이 소망을 알처럼 품고
밤새 벤치 위에서 뒤척이다가
해뜰 녘 겨우 새우잠이 든 사내

공원 숲은 쉬 쉿 소리로 새소리 내몰고
아침 볕은
나뭇잎 헤치고 내려와
돌아갈 곳도 없는 사내의 지친 발을
어루만져 주고 있네

우수(雨水)

비탈 동네의 겨울은
좀처럼 떠날 줄을 모르고 있다
매서운 바람은
마지막 남은 아카시아 나무 빈 깍지를 훑으며
할머니 손등 실주름 같은
샛길을 뒤지고

움막 같은 겨울에 갇혀
펴지지 않는 오금과
한 끼에 대한 고민을 훨훨 털어버리고
날개를 달고 싶던 비탈 동네

뚝심처럼 질긴 겨울은
눈덩이를 쏟아 부으며 마지막 심술을 부리지만
우수雨水라는 절기 앞에
맥없이 무릎을 꿇고
담장 밑에 찾아온 봄볕 뒤로
꼬리를 사린다

비탈 동네는
눈 속에 묻힌 채, 들뜬 가슴으로
오그라진 뼈마디 추스르며
몸뚱이에 날개를 달기 시작한다

들꽃

아직도 접혀진 세월 속에 발길 끊긴 성터, 무너진 돌무더기 틈에 마음이 가난한 들풀 한 포기, 봄볕 실은 사랑 하나가 돌 틈 사이로 찾아와 얼어붙은 외로움 덮어주면서 때때로 하늘가에 찰랑이는 물 한 바가지 퍼내어 단비로 적셔 준다. 들풀은 공중을 나는 새처럼 무엇을 먹을까 무엇을 입을까 염려했으랴. 많은 날 빈 마음을 갈고 다듬어 시詩처럼 들꽃 한 송이를 피어내 포자마다 사랑을 잉태하고 바람 부는 날을 기다린다. 들꽃은 포자마다 깃털처럼 바람에 날려 하늘가 어디에든 머물렀다가, 씨알만한 사랑마저 하수에 씻겨 간 황량한 벌판에 살며시 내려앉아 잉태한 시를 싹 틔우고 싶다.

병실을 떠나며

끈질기던 비도 멎었습니다
빗물에 젖은 아스팔트 길도 눈물을 걷고
나뭇잎들도 싱싱합니다

이젠 병실도 이별입니다
영안실 복도에 새로이 켜지는 불빛을
보지 않아도 되고
건너편 텅 빈 고궁古宮의 슬픔을
보지 않아도 됩니다

빗속에 물보라를 일으키며 불빛을 잇던
차량들의 행렬처럼
뒤진 삶을 쫓아가야 합니다

잇 사이로 새어 나오는 고통을 숨기며
염려와 배려를 잊지 않던
낮달처럼 핏기 잃은 환우들의 얼굴,
고향 마을 입구에서 배웅하시던 어머니를 뒤로 하듯
병실 문을 나섭니다

평화처럼 내리는 노을

모처럼 우리 식구
동네 마트에 다녀오네

아내가 골라 준
오이 호박 상추 등 푸성귀 가득 담았어도
무겁지 않은 시장바구니

고깔 과자에 담긴 아이스크림 빨며
엄마 손 잡고 오는 아가는
강아지 꽃처럼 솔바람에 겹네

넥타이에 매인 일상 속에서
탈출이라도 하듯
하루의 짐을 일찍 벗은 초여름 날

평화처럼 내리는 노을에
듬뿍 물드는
고운 저녁

낚시터

현기증 일듯 숨 막히는 일상을 벗고 고향 마을 낚시터로 행장을 꾸린다. 고향 일출곡日出谷 고갯마루에 올라서면 언제나 어머니의 품속이었던 호수, 나는 폐허가 된 낚시 막처럼 지친 몸으로 낚싯대 펼쳐 놓고, 숨을 쉬는 듯 멈춘 듯, 수면 위의 낚시찌 하나에 정신을 팔다가 이윽고 당겨낸 낚싯대, 그 끝에 싱싱한 삶이 당겨 나와, 무섭게 퍼득이는 은빛 광채가 신비의 명약처럼 새로운 힘으로 전신에 퍼져 밤이 맞도록 낚싯대로 밤하늘을 휘젓는다. 가스등 불빛은 밤새 종횡무진으로 수면 위에 활기 넘치는 새벽 시장을 펼치고, 지쳤던 나는 낚은 수확보다 더 진한 활력을 가득 담고 일어선다.

산책로를 걸으며

이른 새벽

신발 끈을 조이고
잠든 어제를 딛고 일어섭니다

웅성거리던 어둠들은
신발 끝에 채여 흐트러지고
산책로 계곡을 건너던 목조 다리는
베일을 벗고
푸른 냄새로 가득 찬 숲속 길을 엽니다

목조 다리 위를 걷던
장구 소리로 통통 튀어 오르던 발자국 소리에
숲들은 이제 막 새벽잠에서 깨어나
술렁이기 시작합니다

길 아래 마을은
아직도 고달픈 하루를 베고
누워 있는데

골짜기 속
조반 준비에 바쁜 딱따구리의
도마질 소리에 시장기를 느끼며
부리가 다 닳도록 고달팠던
어제를 생각해 냅니다

오늘도
새로운 하루를 위해
붉끈 양 다리에 힘을 주며
새로운 하루를 굴려 봅니다

단풍

하늘 틈새로 밀려온 바람에
나뭇잎은 서로 비비며
온갖 아름다운 음률로
사랑을 이야기하다가

긴긴 여름 동안
사랑은 석류 알처럼 영글어
어쩔 줄 몰라 하던
불붙은 가슴을

끝내는
가슴을 풀어 헤치고
가을 산에 대굴대굴 굴렀나 보다

늦가을

단풍이 이렇게 무너져 내려앉는 날엔
간이역
빈 벤치에 앉아서
한없이 외로움에 빠지고 싶다

역전 찻집 커피 향 속에
누구와 마주 앉지 않아도
빈 수수깡 마른 잎이 바람에 스치는
발자국 소리가 아니라도

누구 하나 찾아오지도 않는 간이역에서
모퉁이를 돌아가는 기차의 뒷모습을 바라보면서
기다릴 이도 없이
그리울 이도 없이
몸서리치도록 고독에 빠지고 싶다

낙조(落照)

저녁 해 떨어져
바다
수박빛 핏속에 묻히다

가슴에
머리 묻은 당신
젖은 볼을 비비며
그만 떠나야지 귓속말 속삭이고
팔을 밀칠 것만 같다

차마
보낼 수 없어
더욱 깊이 끌어안는
저녁 바다 슬프다

태안 롯데캐슬 호텔 앞 바다에서

벽제(碧蹄)로 가는 길

버릴 것 다 버려야
소슬바람에 밀려가듯 떠가는 길
죽음은
세상 껍질 다 벗기고 진실만 남았을 때
새로운 끈 하나 잡는 일, 그래서
남은 육신
화장터 로爐 속으로 들어가면서도
미동微動도 없이 당당한 것
장의차 속
침통 속에 갇힌 유족들
치받히는 슬픔 두 손으로 막고 있지만
가로엔
가을 색 짙은 차일 드린 나뭇잎들
환송의 손바닥 펴 흔들고
가을볕 한 자락은
가지 사이 헤집고 내려와
"죽음은 새로운 끈 하나 잡는 거야"
속삭이며
장의차 지붕을 보듬고 있네

수제비를 뜨면서

한때 배급 밀가루가
허기를 메워 주던 시절
수제비를 뜨는 것은 어머니의 이골 난 솜씨였다

배가 쉽게 꺼지지 말아야 된다며
차지게 주물러 뜬 수제비 먹고
어쩌면 우리 형제가
가문에도 없는 질긴 삶을 사는지도 모른다

아내가 외출한 날
한 끼쯤 굶는 것은 부끄럽지도 않은 요즈음
서툰 남자 솜씨로
별미 수제비를 뜨다가
손가락 여기저기에 붙은 지저분한 반죽 찌꺼기를 뜯어내면서
또 다른 삶을 본 것이다

한 끼에 양심을 팔고
한 끼를 위해 용감했던

못이 두텁게 박인 거친 손가락이
반죽 찌꺼기 속에 가려져 있는 것을

난초 분갈이를 하면서

이른 봄
난蘭의 분盆을 깹니다

썩은 뿌리들이
입 맞추자며 마디마디 목 조여 와도
피할 수도 없는 분 속
좁은 공간입니다

아무도 흉내 낼 수도 없는
겟세마네 기도처럼
손깍지를 끼고 부둥켜안으며
몸부림치던 뿌리들
순결의 향을 높이 드리고 싶은 기도가
오늘 아침에서야
분을 깨뜨렸나 봅니다

깊은 고뇌로 맺힌 뿌리의 물집이
아린 봄볕 몇 가닥에
보석같이 빛을 냅니다

나는 서둘러
썩은 뿌리 도려내며
새 분으로 옮겨 심습니다

시 해설

섬세한 감각적 언어로 형상화한 시편들

박이도(시인, 전 경희대 국문학과 교수)

1

윤주영의 시집 《햇볕은 노을 너머 저녁 배를 타고》를 통독하고 마음속에 와 닿는 것은 '이것이 인생 시人生詩이구나!' 하는 공명감共鳴感이었다. 그리고 내 인생은 어떠했는가를 돌아보는 동기를 주기도 했다.

윤 시인은 그가 살아온 생애에서 경험한 세계를 낱낱으로 정리해 시집에 담아 놓았다. 마치 남의 일기를 엿보듯 그의 평생의 내력이 오밀조밀한 일화逸話로 살아난다. 너른 세상 속에서 자기 생을 당당히 살아온 한 필부匹夫의 수신 교과서를 읽는 마음이 된다. 나는 참 오랜만에 '필부' 라는 단어를 쓴다. 평범한 지아비라는 일반의 뜻을 넘어 평범한 사람 속에서 올곧고 어질어 우러러 보이는 우리의 이웃을 지칭하는 친근한 단어로 생각해 왔기 때문이다. 그의 시집 속의 이야기들이 무릇 성실한 필부론을 떠올리게 한 것이다.

그의 시들은 가정 중심의 생활관, 긍정적인 사회관, 종교적 세계관, 나아가 이 모두가 아울러 형성된 성실한 인간미가 살갑게 드러난다. 마치 그의 인생의 나무에 빛과 향이 좋은 아름다운 실과가 주렁주렁 매달린 풍경을 보는 것 같다. 이 같은 느낌을 받게 되는 것은 그의 삶에의 성실성에 대한 보상인 것으로 보인다.

2

여름도 기운 한나절/강변에 부서지던 뙤약볕이/강물에 여름을 씻네//모래밭 위에/어지럽게 찍힌 발자국들/패망제국의 흔적처럼/여름의 그림자들이 빠져 나간다//아직도 여기저기 숨어 있던/여름의 끄트머리들이/수수밭 이랑을 뒤지던 샛바람에/갈팡질팡 꼬리를 감추네//해와 달이 제자리를 물려주듯/새로이 오는 세상/여름은 어떻게/새로이 오는 계절에게 비워 줄 줄 아는/지혜를 가졌을까//

–'여름이 끝날 무렵' 전문–

자연의 세월, 인간의 세월을 예감하는 촉수를 내밀어

감각하는 시이다. 사물의 흐름과 변화에 따른 그 인식법이 저돌적으로 표현된 시구詩句들에서 일종의 쾌감을 느끼게 된다.

자연과 세월을 관망하는 자세가 이지적理智的이다. 사물에 대한 문학적 이해와 수용에 시인의 개성미가 보인다. "여름은 어떻게 ~ 비워 줄 줄 아는 지혜를 가졌을까"라는 의문형은 바람 잔 정서적 자장磁場에 깊고 긴 사유思惟의 즐거움을 눈뜨게 하기도 한다.

우선 이 작품에서 주목하게 된 것은 시인 특유의 표현 발상법이다.

"부서지던 뙤약볕이/강물에 여름을 씻네"(1연)

"~찍힌 발자국들/~그림자들이 빠져 나간다" (2연)

"수수밭 이랑을 뒤지던 샛바람에/갈팡질팡 꼬리를 감추네" (3연)

"해와 달이 제자리를 물려주듯"(4연)

예시한 시구詩句들은 감각적으로 생동하며 활성화된다. 관행적인 표현의 상투성에서 벗어나 자기만의 인식과 표현의 저돌성이 감상자의 정서를 자극하는 것이다. 운율미에 구속받지 않고 시어들을 자유롭게 구사함으로

써 시적 감흥을 배가시킨 결과가 되었다.

서정시의 특성이랄 수 있는 내적 감수성을 1인칭 시점으로 호소하는 그윽한 맛이 여운을 남기는 작품이다. 과거의 어떤 정황을 추상해 보는 것처럼 시인의 예지銳智가 그의 인생 경륜을 말해 주는 것 같다.

~통닭집 사내는/가마에 통닭 꿰미를 걸고/참나무 장작에 불을 붙인다//통닭집 사내의 하루는/~/매일 죽는 것이다//통닭집 사내는/이렇게 죽지 않으면 안 되는 고통을/~/기름으로 내린다//밤은 이렇게 사내를 굽고/~/사내는 초주검으로 쓰러지고//다음날/자식들의 상 위에서/잘 구워진 통닭으로 뜯겨/부스러진 뼈 도막으로 남는다

– '통닭집 사내' 에서–

어머니 무명 적삼엔/찌든 삶이 배어 나오고/아버지는 날마다/나무 대문 삐걱대는 소리로 어긋난 삭신을 맞추며/늦도록 땅거미 속을 뒤져/망덕(望德)고개 밑에 묻던/보릿고개//통장 정리기는/~시도 때도 없이/ 풋보리 대끼던 절구질 소리로/조인 가슴을 갉아 내린다

– '통장 정리기 앞에서' 에서–

~빗속에서도 새벽은 희끄무레 일어서고/첫 버스는/고된 하루를 끌기 시작한다//~새벽 일터로 가던 차 속의 여인네들은/고달픈 하루 속으로 빨려 나가고/남겨 놓은 한숨만 차 안에 무겁게 깔린다//~//버스는 /가래 끓는 소리로/ 고개를 기어오르고 있다

– '새벽 버스'에서–

아직도 서러운 밤을 덮고 자야 할/~물난리로 밀려온 사람들,//유리창 너머로/떠오른 저 달을 주무르며/~ 송편도 빚어 보고/지난 칠석날 부침개도/부쳐 보던 아이들~//~//흙탕물에 연장을 씻던 남정네들/씻기지 않는 한숨, 가슴에 접어 둔 채/자갈 굴리듯 코 고는 소리로/내일을 부르고//폐교는 조용히 고된 하루를 덮는다

– '저 달을 주물러 송편을 빚으면'에서–

시인이 함께 살아온 동시대의 사회상인 동시에 개인적인 체험담이요 경험담이 사실적으로 묘사된 시편들이다. 생존을 위해 고군분투하는 보통 사람들, 우리 이웃의 삶의 고단함과 서글픈 애환을 구슬프게 불러댄다. 더러는 비수로 아픔을 찔러 보고('통닭집 사내', '통장 정리기 앞에서') 더러는 능청스레 슬픔을 즐기는 듯 한가

락으로 애상의 눈물을 자아내기도('새벽 버스', '저 달을 주물러 송편을 빚으면') 한다. 다양한 인생의 삽화들이다.

이 같은 일련의 작품들이 제3인칭의 객관 시점으로 담담하게 이끌어 갔기 때문에 서글픈 정서는 더 많은 독자의 몫이 되었다. 특히 "새벽은~ 일어서고/첫 버스는 /고된 하루를 끌기 시작", "~한숨만 차 안에 무겁게 깔린다", "버스는/가래 끓는 소리로/고개를 기어오르고 있다"('새벽 버스' 에서)고 한 시구들은 서정시의 어조로써 그 맛이 잘 살아난다. 냉혹한 현실 앞에서 시인은 은유의 수법으로 인생살이를 묘파한 것이다.

> 졸라맨 허리띠로 허기를 참고/연장처럼 무딘 손으로/가난을 흙 속에 묻던 삶//~겨울언덕에 초상(肖像) 하나 걸어 놓고/가신 어머니
>
> –'나목' 에서–

> 중학 입학 시험장/땅 밑에 남은 이른 봄 찬 기운 밟고 서서/유리창 너머로 까치발 뜨며/빈주먹 힘주어 올려 보이던 형님/찐빵 두 개 점심으로 사 주고는/학교 담장 양지에 숨어/군침으로 허기를 채우던/세 살 위 맏형님//지나치던 찐빵 집에서/

내 허기는 찐빵 두 개를 사들고 돌아온다

– '찐빵 두 개' 에서–

~환자복 매무새를 바로잡고/옅은 색 화장으로 얼굴을 고친/순종의 양처럼 베드 위에 실린 아내//명줄처럼 흔들리는 아내의 파리한 손을 잡은/처참한 사내 돌골 하나가//~수술실 속에서 찢기고 도려내는 아내의 고통을/나누어 마시고 있었다

– '수술실 앞에서' 에서–

가을볕 비껴 간 자리/돌담 아래 외로운 들국화/~/가련한 내 누이동생이~//~누님 같은 누이동생/애처롭기보다는 차라리/의연한 들국화//이 가을/괜스레 눈시울을 적시는/들국화 한 송이

– '들국화' 에서–

살아온 날들을 회상한다. 과거를 회상함에는 아름다운 추억, 고통스러운 추억, 나아가 기억조차 하고 싶지 않은 추억이 있는 것이다. 모든 추억은 아름답고 그립다. 너무나 인간적인 흔적, 무덤까지 함께 지니고 가야 할 영혼의 그림자들이다.

돌아가신 어버이를 추억한다. 어버이는 이 세상을 떠

났으나 시인의 의식 속엔 아직 함께 기거하는 실재의 존재들이다. 할머니의 빈자리가 허전하다.

"~학처럼/훠이훠이/날개를 치며 젓던 물레/그 많은 날 긴긴 밤의/할머니의 세월이 그리웠나"('물레 이야기' 에서)에서 할머니의 빈자리는 세월이 갈수록 더욱 새록새록 그리울 따름이다. 가형의 살갑던 혈육의 정이, 손아래 누이의 애처로웠던 유년기의 상처를 시인은 눈물로 추억할 수밖에 없다. 아내의 병마를 함께 나누는 고통, 고향 친구의 우정을 통해 찾는 뿌리 등 인생의 생로병사의 면면이 읽는 이의 눈물을 자아낸다. 인간적인 공감의 눈물이다.

"당신보다 먼저 죽는 것이 나에게는 하나의 행복이라고 생각합니다." 장 라시느(17세기 비극 시인)가 죽음이 임박했을 때 그의 친구 보왈로에게 했던 말이다. 그렇다. 우리 인생은 생로병사의 마지막 좁은 문턱을 넘어설 때, 비극도 희극도 아닌 신의 손짓에 순종하는 행복한 순간을 맞는 것이다. 인생이 아무리 고달픈 여행일지라도 인간만의 특유한 인정을 끝까지 간직한다면 결코 불행한 존재가 아님을 윤 시인은 역설적으로 노래하는 것이다.

3

'바람난 바자회' 는 콩트가 된 이야기 시이다. 젊은이들의 전유물인 랩뮤직의 가사로 추천할 만한 작품이다.

> 바람이 살랑살랑 불자/진열된 헌 옷들은 무도회를 열었지요/춤추던 젊은 원피스 하나는/바람에 들춰진 옷자락을 쓸어내리다가/은근슬쩍 허벅지까지 걷어 올렸지요
>
> – '바람난 바자회' 에서–

세태를 간명하게 풍자한 이야기 시가 되었다. 소리 내어 부르면 저절로 흥겨운 랩뮤직(Rap Music)의 가사가 되고도 남겠다. 이 글을 읽는 이들은 원문을 다시 한 번 소리 내어 각운脚韻을 맞춰 가며 리듬을 타고 흥을 돋워 볼 것을 권한다.

> 지나가던 달이/지붕 위 박 넝쿨손/살며시 잡아 보고 가더니//가슴 뛰던 박 넝쿨/죽은 서방 생각나서/저녁이면/하얀 모시 적삼 갈아입는 줄 알았더니//둘이는 마당에/밀대 방석 활짝 펴놓고/세상 이야기로만/한밤 밝히고 간 줄 알았더니//~//초가지붕 박 넝쿨 속에/달 같은 아기 하나 젖줄 물고 있기에/뉘 집에서 데려온 아긴가 했더니

－'박 넝쿨 타령' 에서－

꽃샘추위 가자마자/매화 가지 싱숭생숭//지나가는 달 붙잡아 가지에 끼고/쓰다듬고 비비며/ 밤새 엉클어지더니//~//장대들고 쫓아 올라온 아침 해/"에라 이 화냥년!"/햇볕 한 움큼 던져 주고는/뒤도 안 돌아보고 가네

－'매화 가지' 에서－

위 두 편은 '바람난 바자회' 와 같은 어조이다. 거기에 풍부한 신화적 상상력의 동력을 얻어 완성된 작품들이다. 신화적 상상이란 문학의 한 양식으로써 허구적인 상상, 우화성의 상징성을 띠는 것이 일반적인 특성이다. 신화는 오랜 세월을 거쳐 온 설화들의 전형을 이루고 있으며, 육하원칙의 진실과 사실성을 넘어 초인超人적인 공명심에서 탄생했기 때문이다.

밤하늘의 달과 지붕 위에 놓인 박이 서로 상대하여 이끌어낸 이야기 시가 되었다. 또 매화나무와 달의 치정癡情으로 연상할 수 있는 어감을 강하게 풍긴다.

윤주영의 시편 속엔 자연과의, 자연끼리의 교감이 섬세하고 감각적인 언어로 형상 짓고 있다.

다음의 '볕(陽)'을 묵독하시길 바란다. 조용히 그리고

천천히 명상하듯 읽어 보자.

> 이른 아침/초로(草露)에 발을 적시며 오시는 당신/집안 구석구석 커피 향 같은/당신의 체취로 가득 찹니다//우리는/새날의 설렘을 쓰다듬어 주고/지나온 일들을 이야기합니다/꽃을 심고 곡식을 가꾸며/맺힌 땀을 서로 씻어 줍니다//함께 있는 시간은 /주전자처럼 끓어오르기 시작합니다/당신의 숨소리 귓전에 뜨겁고/가슴은 달아오릅니다//우리의 할 일은 아직도 더 남았는데/산그늘은 소리 없이 내려와/잡았던 당신의 옷자락을 거두어 갑니다//나는/아쉬운 손끝을 매만지며/노을 너머로 저녁 배를 타고 떠나가는/당신의 뒷모습/강물처럼 흐르는 세월의/내일이라는 정거장으로 떠나보냅니다
>
> –'볕(陽)'의 전문–

신의 부드러운 손길이 날마다 우리에게 와서 함께하는 신성神性의 이미지를 보게 된다. 태양 앞에, 거대한 신의 섭리에 숙연해진다.

4

기독교의 생명은 부활 신앙이다. '목련'은 예수님의 탄생과 사망, 그리고 부활의 사건을 다룬 연작시이다.

이 작품은 인간 존재의 초월성을 목련에 비유해 종교적 신화를 재구성한다. 4복음서가 예수님의 전기라면 윤주영 시인은 예수님의 전기를 통해 얻은 종교적 신앙관을 비유로 재구성해 본 것이다.

성경에 기록된 내용을 문학적 관점에서 보면 고도의 비유로서의 표현이 진리(구원)의 문에 들어갈 수 있는 열쇠를 손에 쥐어 주는 것임을 알게 된다.

예수님은 스스로 "모든 것을 무리에게 비유로 말씀하시고 비유가 아니면 아무것도 말씀하지 아니하셨으니 이는 선지자를 통하여 말씀하신 바 내가 입을 열어 비유로 말하고 창세부터 감추인 것들을 드러내리라 함을 이루려 하심이라"(마 13:34~35)고 말씀했다.

왜 비유가 아니면 안 되었을까. 종교(성경)는 스스로 깨우쳐 알아야 하는 성질의 것이라면 문학은 창조적 상상의 소산일 것이다. 인간의 이성으로 깨우치기 힘든 진리를 문학 표현의 한 축인 비유로써 설파했기 때문에 설득력을 배가하는 데 도움이 된 것이다.

이른 새벽/예수 오시는 길목//꽃불 밝혀 들고 마중 길 나선/목련//일제히 하늘을 향해 나팔을 울리는/소리 없는 찬양/하늘 말씀에/순백(純白)의 귀 열어 놓고/은혜를 가득 채울/수만

(數萬)의 은잔(銀盞)을 피워 낸/목련//저토록 저들도/간절함이 있었던가/부활절 예배당 앞에 핀/목련

– '목련8' 전문–

목련은/~그리움을 먹고/~/봄볕 몇 가닥이 찾아와/~//목련은/나팔을 일제히 울려/~/그의 화신으로 가득 채워진다//~목련은 그만/박속 같은 하얀 순결을/들켜버린 부끄러움에/비운의 궁녀처럼 소복을 입고/뜨락에 엎드려 울어버린다

– '목련1' 에서–

님이 가시는 소리였을까/이른 새벽/꽃잎 지던 소리//~//떠나야 하는 날/가상(架上)에 달려 사랑과 순종을 피우시던 님처럼/다 이루고 /뜨락에 누운 목련//거기로 가시는 소리였을까/무덤 앞에 세마포 벗어 놓고/"거기서 나를 보리라"/하시던 님처럼

– '목련2' 에서–

~밤마다 가지 끝을 스치며 지나는/타락한 별들의 노래와/안타까워 수척해진 낮달의 슬픔을/가지 끝에/아픔으로 잉태한 목련//~//봄볕 따스한 날/갈보리 언덕에 달린 사내의 기도처럼/봄 하늘에 피워 낸/순백의 입술

– '목련3' 에서–

그는/감추어 두었던 사랑 들킬까/~/껍질 벗겨지는 양파처럼 아렸다//~아무리 아파도/곧고다 언덕의 채찍 만할까//~//겨울 가고/임 떠나시는 날/나는 한없이 당신을 사랑했다면서/순백의 꽃을 피우리라

– '목련4' 에서–

~피었던 목련이 지네//예배당 뜨락에 양처럼 눕네//~//세상 죄 지고 가는 젊은 사내의 손과 발에/못 박은 표징(標徵)을/~/또다시 각인하는

– '목련5' 에서–

~끝까지 버티던 겨울이 가고/봄풀들은 서둘러 꽃피우다//~목련의 망울은/피우고 싶은 욕망과 기다림의 힘이/~/한순간 "툭"/줄이 끊기고 균형을 잃다//목련은 하늘을 향해/일제히 순백의 젖을 토하다

– '목련6' 에서–

사랑해야지 사랑해야지/미웠던 것들까지도 사랑해야지/~//새기고 새긴 기도가/꽃망울 속에 접히고 접혀/~/비갠 이른

아침 피어낸 목련처럼//목련의 나무 곁에 서서/봄비에 흠뻑 젖어 보고 싶다

-'목련7'에서-

여덟 편으로 구상된 '목련'은 성경 속에 기록된 예수님의 생과 사, 그리고 부활의 사실을 비유를 통해 재구성한 것이다. 즉 문학적 상상으로 부활의 진리를 보다 구체적으로 심득心得게 한다.

부활 신앙에 감염된 자의 감동은 마지막 편(8편)에서 폭발한다. "저토록 저들도 간절함이 있었던가"라고 경이驚異의 눈으로 바라본다. 예수님께서 부활해 무덤에서 나와 다시 오심에 대한 놀라움과 기대 심리가 객관적 시점에서 상징의 말로 표현된 것이다. 마지막 편의 목련들은 부활 신앙을 가졌던 자들의 기쁨이자 영원한 종교적 경험의 장場이 된 것이다. 구체적으로 무엇이 '상징의 말'이 되었는가.

목련은 고난의 날에 "비운의 궁녀처럼 소복을 입고 뜨락에 엎드려 울어버린다"(목련1)는 모습, "가상架上에 달려~ 다 이루고 뜨락에 누운 목련"(목련2)이 되어 드디어 목련은 "봄볕 따스한 날 갈보리 언덕에 달린 사내(예수)의 기도처럼"(목련3) 순백의 입술을 터뜨려 " "한없이

당신을 사랑"(목련4)했던 자의 고백은 상징적인 반어법의 감탄사가 된 것이다. "사내의 손과 발에 못 박은 표징"(목련5)과 "한순간 ~하늘을 향해 일제히 순백의 젖을 토하는" 소생의 징조(목련6)를 "저토록 간절함"(목련8)의 상징어로 부활의 사건을 경이와 감격으로 노래한 시가 되었다.

'목련'은 예수님이 고난과 죽음의 날에 당한 '수치와 채찍'(목련4)을 되새김질하고 '손과 발에 못 박은 징표'(목련5)를 확인해 보며 "~망울은 피우고 싶은 욕망과 기다림"(목련6)을 하늘을 향해 토해 내고 싶은 심정이다. 드디어 그는 부활하셨다. 부활의 감격은 "꽃불 밝혀 들고 마중 길 나서고", "일제히 하늘을 향해 나팔을 울리"고 "하늘 말씀에 순백의 귀 열어 놓고~ 수만의 은잔을 피워 낸" 자들의 신앙 정서가 "저토록 저들도 간절함이 있었던가" 했다. 이 감탄의 한 마디는 자기 성찰적인 독백이 되었다.

이 목련은 누구인가? 예수님의 자비에 힘입어 원죄에서 해방된, 기호화된 인류인 것이다.

이 '목련' 연작시에서 예수님은 인류가 상대적으로 실존성을 경험할 수 있는 은유의 주체가 되었다.

윤주영 시집

햇볕은 노을 너머 저녁 배를 타고

초판 발행일 | 2010년 4월 29일

지은이 | 윤주영
펴낸이 | 임만호
펴낸곳 | 창조문예사

등록 | 제16-2770호(2002. 7. 23)
주소 | 135-867 서울 강남구 삼성2동 38-13
전화 | 02)544-3468~9
FAX | 02)511-3920
E-mail | holybooks@naver.com

Printed in Korea
ISBN 978-89-94211-12-1 03810

정가 7,000원

※잘못된 책은 교환하여 드립니다.